BEI GRIN MACHT SICH IHR
WISSEN BEZAHLT

- Wir veröffentlichen Ihre Hausarbeit,
  Bachelor- und Masterarbeit

- Ihr eigenes eBook und Buch -
  weltweit in allen wichtigen Shops

- Verdienen Sie an jedem Verkauf

Jetzt bei www.GRIN.com hochladen
und kostenlos publizieren

Bibliografische Information der Deutschen Nationalbibliothek:

Die Deutsche Bibliothek verzeichnet diese Publikation in der Deutschen National-
bibliografie; detaillierte bibliografische Daten sind im Internet über http://dnb.d-
nb.de/ abrufbar.

Dieses Werk sowie alle darin enthaltenen einzelnen Beiträge und Abbildungen
sind urheberrechtlich geschützt. Jede Verwertung, die nicht ausdrücklich vom
Urheberrechtsschutz zugelassen ist, bedarf der vorherigen Zustimmung des Verla-
ges. Das gilt insbesondere für Vervielfältigungen, Bearbeitungen, Übersetzungen,
Mikroverfilmungen, Auswertungen durch Datenbanken und für die Einspeicherung
und Verarbeitung in elektronische Systeme. Alle Rechte, auch die des auszugsweisen
Nachdrucks, der fotomechanischen Wiedergabe (einschließlich Mikrokopie) sowie
der Auswertung durch Datenbanken oder ähnliche Einrichtungen, vorbehalten.

Impressum:

Copyright © 2019 GRIN Verlag
Druck und Bindung: Books on Demand GmbH, Norderstedt Germany
ISBN: 9783668973329

Dieses Buch bei GRIN:

https://www.grin.com/document/492684

Jessica Gottlob

Tierversuche in der Forschung. Gesetzliche Vorgaben und Richtlinien

GRIN Verlag

GRIN - Your knowledge has value

Der GRIN Verlag publiziert seit 1998 wissenschaftliche Arbeiten von Studenten, Hochschullehrern und anderen Akademikern als eBook und gedrucktes Buch. Die Verlagswebsite www.grin.com ist die ideale Plattform zur Veröffentlichung von Hausarbeiten, Abschlussarbeiten, wissenschaftlichen Aufsätzen, Dissertationen und Fachbüchern.

Besuchen Sie uns im Internet:

http://www.grin.com/

http://www.facebook.com/grincom

http://www.twitter.com/grin_com

Fachhochschule für öffentliche Verwaltung NRW

Abteilung Gelsenkirchen
Außenstelle Dortmund
Studienabschnitt S4
Fachbereich KVD
Modul 7.2

Tierversuche in der Forschung
gesetzliche Vorgaben und Richtlinien

Abgabedatum: 20.03.2019

Inhaltsverzeichnis

1. Einleitung

Der Stand unserer modernen Medizin zeichnet sich dadurch aus, dass alltägliche medizinische Eingriffe die heutzutage durchgeführt werden, für uns Menschen selbstverständlich sind. Blickt man aber einige Jahrzehnte zurück wird deutlich, dass diese Art von „selbstverständlichen Eingriffen" nicht immer möglich war. Mit verantwortlich dafür ist die Forschung, Verbesserung und Entwicklung von u.a. Medikamenten oder Therapiemethoden. Um ein besseres Verständnis von Krankheiten, deren Diagnose und Heilung zu erfahren, werden in der Forschung Tiere eingesetzt. Um einen schnellen und effektiven Forschungsfortschritt zu machen, muss somit das Leiden oder sogar der Tod von Versuchstieren in Kauf genommen werden.[1] Es wird aber deutlich, dass mit Hilfe von Versuchstieren in der Vergangenheit wichtige Erkenntnisse (beispielsweise im Bereich der Funktion der Sinnesorgane oder des Nerven-, Hormon-, und Immunsystem) erlangt wurden.

Seitdem Tierversuche durchgeführt werden, gibt es natürlich auch Menschen, die der Forschung am Tier kritisch gegenüberstehen. Sie argumentieren damit, dass der Mensch eine Vorrangstellung gegenüber dem Tier einzuräumen hat und das die Ergebnisse aus Tierversuchen nicht immer auf den Menschen übertragbar seien. Schon im 19. Jahrhundert hat diese enorme Kritik dazu geführt, dass für den Einsatz von Tieren in der Forschung gesetzliche Regelungen formuliert und stets ausgeweitet wurden. Unter anderem das Tierschutzgesetz stellt sicher, dass Tierversuche nur in einem gewissen Umfang erfolgen dürfen.[2] Diese Einschränkungen und Rahmenbedingungen unter denen Tierversuche überhaupt stattfinden dürfen, sind in den §§7 ff. Tierschutzgesetz (TierSchG[3]) geregelt.

Mit dem Änderungsgesetz zum Grundgesetz vom 26.07.2002 wurde der Artikel 20a ins Grundgesetz aufgenommen. Dadurch hat der Tierschutz erstmalig den Rang von Verfassungsrecht erhalten.[4] Im Laufe dieser Ausarbeitung, werde ich auf die relevanten Grundlagen eingehen und diese erläutern.

---

[1] Brandstetter, H., Sturma, D. & Lanzerath, D. (Hrsg.) (2016). Band 17 Tiere in der Forschung. Freiburg/München: Verlag Karl Alber, S. 12. (künftig zitiert: Brandstetter et al., 2016)

[2] Deutsche Forschungsgemeinschaft (2016). Tierversuche in der Forschung. Bonn: Hachenburg GmbH, S. 6. (künftig zitiert: Deutsche Forschungsgemeinschaft, 2016)

[3] In der Fassung der Bekanntmachung vom 18.05.2006 (BGBl. I S. 1206, ber. S. 1313) zuletzt geändert durch Gesetz vom 17.12.2018 (BGBl. I S. 2586) m.W.v. 01.01.2019

[4] Pröbstl, K. (2017). Das Recht der Tierversuche unter Berücksichtigung unionsrechtlicher Vorgaben. Berlin Heidelberg: Springer-Verlag, S. 13.(künftig zitiert: Pröbstl, 2017)

2. Der Tierversuch

2.1.   Was sind Tierversuche?

Nach §7 Absatz 2 Satz 1 Tierschutzgesetz sind Tierversuche Eingriffe oder Behandlungen **zu Versuchszwecken** an Tieren, wenn sie entweder mit Schmerzen, Leiden oder Schäden für diese Tiere verbunden sein können (Nr.1), oder wenn diese dazu führen können, dass Tiere geboren werden oder schlüpfen, die Schmerzen, Leiden oder Schäden erleiden (Nr.2). Des Weiteren sind Tierversuche Eingriffe und Behandlungen zu Versuchszwecken am Erbgut von Tieren, wenn sie mit Schmerzen, Leiden oder Schäden für die erbgutveränderten Tiere oder deren Trägertiere verbunden sein können (Nr.3).

Zu erläutern ist, was unter dem Begriff "zu Versuchszwecken" zu verstehen ist. Mit dem Begriff "zu Versuchszwecken" werden die Behandlungen oder Eingriffe an Tieren beschrieben, mit denen ein Erkenntnisgewinn stattfinden soll. Somit wird ein bisher noch nicht geklärtes Problem aufgearbeitet und versucht zu beantworten.[5]

Nach §7 Absatz 2 Satz 2 TierSchG sind Tierversuche auch Eingriffe oder Behandlungen, die **nicht zu Versuchszwecken** dienen. Dies sind Eingriffe oder Behandlungen, die zur Herstellung, Gewinnung, Aufbewahrung oder Vermehrung von Stoffen, Produkten oder Organismen vorgenommen werden (Nr.1), durch die Organe oder Gewebe ganz oder teilweise entnommen werden, um zu wissenschaftlichen Zwecken die Organe oder Gewebe zu transplantieren (lit.a), Kulturen anzulegen (lit.b) oder isolierte Organe, Gewebe oder Zellen zu untersuchen (lit.c) oder die zu Aus-, Fort- oder Weiterbildungszwecken vorgenommen werden (Nr.3). Tötet ein Forscher hingegen ein Tier, um ihm Organe, Zellen oder Gewebe für wissenschaftliche Zwecke zu entnehmen, zählt das laut Tierschutzgesetz nicht als Tierversuch.[6]

Zusammengefasst lässt sich somit sagen, dass ein Tierversuch vorliegt, wenn "Eingriffe und Behandlungen zu den ausdrücklich genannten Versuchs- und Nicht-Versuchszwecken am Tier vorgenommen werden."[7]

Fraglich ist, wann es sich um einen Eingriff handelt. Eingriffe sind Maßnahmen, die entweder physiologische Abläufe auf Zeit oder Dauer verändern oder zu einer mehr oder weniger weitgehenden Störung der körperlichen Unversehrtheit führen. Hierunter fällt beispielsweise auch die Injektion einer Nadel. Die Beeinträchtigung der körperlichen Integrität eines Tieres

---

[5] Pröbstl, 2017, S.86.
[6] Brandstetter et al., 2016, S.12.
[7] Pröbstl, 2017, S.84.

stellt eine Behandlung im Sinne von § 7 Absatz 2 Satz 1 und 2 TierSchG dar. Diese Beeinträchtigungen erfüllen jedoch noch nicht die Voraussetzungen eines Eingriffes."Auch eine nicht invasive, auch indirekt genannte Maßnahme, ist geeignet die körperliche Integrität zu schädigen und stellt folglich eine Behandlung dar."[8] Dies kann der Entzug von Futter oder die Verabreichung von Medikamenten sein. Eine bloße Beobachtung ist in diesem Falle keine Behandlung.[9]

2.2. Entwicklung

Im Jahre 500 vor Christus wurden die ersten Experimente an lebenden Tieren durchgeführt. Es gelang Pythagoreer Alkmaion aus Italien mit den ersten Tierversuchen an Wirbeltieren die Verbindung der Sinnesorgane mit dem Gehirn zu entdecken. Die Erkenntnisse über physiologische Vorgänge, die der griechisch-römische Arzt Galenus (129-199 n. Chr.) mit Hilfe von Studien an lebenden Tieren (Affen und Schweinen) gewonnen hat, machten ihn zu einem der meist bedeutendsten Ärzte in der Antike.

Weitere Erkenntnisgewinne aus Tierversuchen wurden im 17. Jahrhundert erlangt, indem der englische Anatom und Arzt Wiliam Harvey den großen Blutkreislauf bei einem Tierexperiment entdeckte. Da die Tierversuche damals ohne Narkose stattfanden, setzte sich bereits damals Michael de Montaigne (1533-1592) - ein Philosoph und Begründer der französischen Moraltheorie - für das Grausamkeitsverbot im Umgang mit Tieren ein.[9] Somit hat er eine geistige Grundlage für den Tierschutz geschaffen.

Im 18. Jahrhundert war es Jeremy Bentham, der überzeugt war, dass Tiere Schmerzen und Leid genauso wie die Menschen empfinden. Damit setzte er sich dafür ein, dass durch den sogenannten "Gleichheitsgrundsatz" das Zufügen von Schmerz und Leid bei Tieren verboten werden solle. In Deutschland wurden erstmals im 18. Jahrhundert zwei Urteile gegen Tierquälerei ausgesprochen und somit wurde auch erstmals die Justiz auf das besagte Thema aufmerksam.

Erst im 19. Jahrhundert setzte die Tierschutzbewegung erstmals in Europa ein und daraus folgte, dass das erste Tierschutzgesetz in England erlassen wurde. Somit sind seit 1876 Tierexperimente in England durch den sogenannten "Cruelty to Animal Act" nicht mehr der Willkür ausgesetzt. Ihr Jahre 1972 wurde das Tierschutzgesetz der Bundesrepublik Deutschland in Kraft gesetzt.[10] Der Zweck dieses Gesetzes ist in § 1 definiert. Demnach soll

---

[8] Pröbstl, 2017, S. 84.
[9] Ahne, W. (2007). Tierversuche im Spannungsfeld von Praxis und Bioethik. Stuttgart: Schattauer Verlag, S. 21. (künftig zitiert: Ahne, 2007)
[10] Ahne, 2007, S. 3f.

3

aus der Verantwortung des Menschen für das Tier als Mitgeschöpf dessen Leben und Wohlbefinden geschützt werden. Das Tierschutzgesetz umfasst zudem Vorschriften zur Tierhaltung (§§2 u. 3), zur Tötung von Tieren (§4), für Eingriffe an Tieren (§§5, 6 u. 10), zu Versuchen an Tieren (§§7 bis 9), zur Zucht, Haltung und Handel von und mit Tieren (§§11 bis 13), zur Durchführung des Gesetzes (§§14 bis 16) sowie Straf- und Bußgeldvorschriften (§§17 bis 20).

Nach Einführung des Tierschutzgesetztes forderten in Deutschland immer mehr Tierschützer den Tierschutz als Staatsziel zu definieren und im Grundgesetz zu verankern. Doch es wurden Befürchtungen geäußert, dass der Tierschutz die Freiheit der Forschung aus Artikel 5 Absatz 3 Grundgesetz (GG[11]) untergraben würde. Aufgrund des internationalen wissenschaftlichen Wettbewerbes, waren es die professionellen Forschungsgesellschaften in Deutschland, die sich bis zuletzt gegen eine Verfassungsänderung ausgesprochen haben. Doch nach zahlreichen Anhörungen, Stellungnahmen und abschließenden Debatten wurde der Tierschutz schließlich in dem Artikel 20a des Grundgesetztes verankert. Der zuvor schrankenlosen Freiheit der Wissenschaft, soll durch die Aufnahme des Artikel 20a in das Grundgesetz Grenzen gesetzt werden.[12] In diesem Gesetz heißt es, der Staat schützt auch in Verantwortung für die künftigen Generationen die natürlichen Lebensgrundlagen und die Tiere im Rahmen der verfassungsmäßigen Ordnung durch die Gesetzgebung und nach Maßgabe von Gesetz und Recht durch die vollziehende Gewalt und Rechtsprechung.

2.3. Allgemeine Regelungen zu Tierversuchen

Als Teil der Europäischen Union unterliegt Deutschland damit auch der EU-Gesetzgebung. Im Jahr 2010 wurden Tierversuche durch den Erlass einer Richtline (2010/63/EU) für alle Mitglieder der EU neu und einheitlich geregelt. Auf Basis dieser Richtlinie, hat Deutschland am 4. Juli 2013 eine Neufassung des Tierschutzgesetztes vorgenommen.[13]

Das deutsche Tierschutzrecht ist im Wesentlichen im Tierschutzgesetz, sowie in der es konkretisierenden Tierschutz-Versuchstierverordnung normiert. Dabei wird das gesamte Tierschutzrecht von der Prämisse geleitet, dass der Mensch für das Tier als Mitgeschöpf eine gewisse Verantwortung trägt und sich daraus der Auftrag ergibt, dessen Wohlbefinden und

---

[11] Grundgesetz für die Bundesrepublik Deutschland in der im Bundesgesetzblatt Teil III, Gliederungsnummer 100-1, veröffentlichten bereinigten Fassung, das zuletzt durch Artikel 1 des Gesetzes vom 13. Juli 2017 (BGBl. I S. 2347) geändert worden ist
[12] Ahne, 2007, S.5ff.
[13] Deutsche Forschungsgemeinschaft, 2016, S.59.

Leben zu schützen. [14] Deshalb ist im §1 des Tierschutzgesetzes geregelt, dass niemand einem Tier ohne vernünftigen Grund Schmerzen, Leid oder Schäden zufügen darf.

Der Schutz der Tiere, die zur Verwendung in Tierversuchen bestimmt sind, befindet sich im §7 Absatz 1 Satz 1 TierSchG. Demnach legt §7 Absatz 1 Satz 2 Nummer 1 TierSchG fest, dass Schmerzen, Leiden und Schäden für die Tiere in Tierversuchen, sowie die Zahl der verwendeten Tiere, auf das unerlässliche Maß zu beschränken sind. Des Weiteren sind die in §7 Absatz 1 Satz 2 Nummer 1 TierSchG genannten Tiere so zu halten, zu züchten und zu pflegen, dass sie nur in dem Umfang belastet werden, der für die Verwendung zu wissenschaftlichen Zwecken unerlässlich ist. Die Durchführung dieser Tierversuche darf nach §7 Absatz 1 Satz 3 TierSchG nur von Personen geplant und durchgeführt werden, die die dafür erforderlichen Kenntnisse und Fähigkeiten haben.

3. Genehmigung von Tierversuchen (formell)

3.1.   Genehmigungs- und Anzeigepflicht

Das Tierschutzgesetz unterscheidet zwischen einer Genehmigungs- und einer Anzeigepflicht von Tierversuchen. Grundsätzlich besteht für Tierversuche eine Genehmigungspflicht nach §8 Absatz 1 TierSchG. Anzeigepflichtige Tierversuche bedürfen keiner behördlichen Genehmigung und sind im §8a TierSchG geregelt.

Nach §8 Absatz 1 TierSchG bedarf die Durchführung von Tierversuchen an Wirbeltieren oder Kopffüßern eine Genehmigung des Versuchsvorhabens durch die zuständige Behörde (Genehmigungspflicht).

Nach §8a Absatz 1 Nummer 1 TierSchG sind Tierversuche der zuständigen Behörde anzuzeigen, wenn sie ausdrücklich durch ein Gesetz, durch eine Rechtsverordnung, durch das Arzneibuch oder durch einen unmittelbar anwendbaren Rechtsakt eines Organs der Europäischen Gemeinschaft/Union vorgeschrieben sind (Anzeigepflicht). Beispielsweise finden sich solche gesetzlich vorgeschrieben Tierversuche im Lebensmittel- oder Pflanzenschutzmittelgesetz. Etwa 30 % aller Tierversuche sind gesetzlich vorgeschriebene Testverfahren. [15]

Weitere anzeigepflichtige Tierversuche sind unter Nummer 2 (Impfungen, Blutentnahmen oder sonstige diagnostische Maßnahmen, die der Erkennung von beispielsweise Krankheiten oder Leiden dienen), Nummer 3 (Tierversuchsvorhaben welche nach §7 Absatz 2 Satz 2 Nummer 1 oder 2 zum Gegenstand haben und die beispielsweise zur Herstellung oder

---

[14] Brandstetter et al., 2016, S. 106.
[15] Ahne, 2007, S. 47.

Gewinnung von Stoffen etc. vorgenommen werden) oder Nummer 4 (Tierversuche die zur Aus-, Fort- und Weiterbildung durchgeführt werden) zu finden. Die Anzeigepflicht gilt aber nach §8a Absatz 2 TierSchG nicht für Versuchsvorhaben in denen Primaten verwendet werden (Nummer 1) oder solche Versuche, die nach Maßgabe des Artikels 15 Absatz 1 in Verbindung mit Anhang VIII der Richtlinie 2010/63/EU als „schwer" einzustufen sind (Nummer 2). Für diese Fälle nach Absatz 2 besteht dann wieder die Genehmigungspflicht. Somit müssen bei allen in §8a Absatz 1 TierSchG vorgesehenen Ausnahmen die Tierversuche bei der zuständigen Behörde ausschließlich angezeigt werden und bedürfen keiner Genehmigung. Sollten die Tierversuche jedoch neben den aufgezählten Voraussetzung noch den Zweck haben die Ergebnisse anderweitig zu verwenden, so benötigt man für diese Art von Tierversuchen die behördliche Genehmigung.[16]

3.2. Genehmigungsverfahren

Das Genehmigungsverfahren eines Versuchsvorhabens ist ein Verwaltungsverfahren. Somit finden - soweit keine spezialgesetzlichen Vorschrift vorhanden sind - die allgemeinen verwaltungsrechtlichen Grundsätze Anwendung.[17] In den §§31 bis 43 der Tierschutz-Versuchstierverordnung (TierSchVersV[18]) sind die wichtigsten Punkte des Genehmigungsverfahrens geregelt. Die Ermächtigungsnorm befindet sich in §8 Absatz 3 TierSchG. Es handelt sich hierbei um ein mitwirkungsbedürftiges Verfahren welches mit Einreichung eines Antrages bei der zuständigen Behörde nach §31 TierSchVersV beginnt. "Die Zuständigkeit der Behörde beurteilt sich gem.§15 Absatz 1 Satz 1 TierSchG nach dem jeweiligen Landesrecht und erstreckt sich zumeist auf Mittelbehörden (Regierungspräsidien, Bezirksregierungen), obere Landesbehörden (Lebensmitteluntersuchungsämter) oder oberste Ladesbehörden (Landesämter)."[19]

Auch Form und Inhalt des Antrages müssen im Genehmigungsverfahren eingehalten werden. Nach §31 Absatz 1 Satz 1 TierSchVersV bedarf der Antrag auf Erteilung einer Genehmigung der Schriftform. Des Weiteren muss er die in §31 Absatz 1 Satz 2 Nummer 1-4, sowie Absatz 2 TierSchVersV enthaltenden Voraussetzungen erfüllen. Dabei sind allgemeine Angaben, Voraussetzungen und Abläufe anzugeben (Nummer 1),wissenschaftlich begründet darzulegen(Nummer 2), dass die Voraussetzungen des §8 Absatz 1 Satz 2 Nummer 1 Buchstabe a und b des TierSchG vorliegen und in welchen Schweregrad der Versuch

---

[16] Pröbstl, 2017, S.104.
[17] Pröbstl, 2017, S. 131.
[18] Bundesgesetzblatt Jahrgang 2013 Teil I Nr. 47, ausgegeben zu Bonn am 12. August 2013
[19] Pröbstl, 2017, S. 132.

eingestuft wird. Außerdem ist nachzuweisen, dass die Voraussetzungen des §8 Absatz 1 Satz 2 Nummer 2 bis 5 TierSchG vorliegen (Nummer 3) und darzulegen, dass die Voraussetzungen des §8 Absatz 1 Satz 2 Nummer 6 bis 8 TierSchG vorliegen (Nummer 4). Nach Eingang des Genehmigungsantrages hat die Behörde gemäß §32 Absatz 3 TierSchVersV den Antrag unverzüglich auf seine Vollständigkeit zu überprüfen und den Antragssteller bei eventuell unvollständigen Antragsunterlagen zu informieren. Ferner muss die Behörde gem. §32 Absatz 2 Satz 1 und 2, Absatz 1 Satz 2 TierSchVersV den Eingang des Antrages bestätigen und die behördliche Bearbeitungszeit von 40 Tagen mitteilen. Die Frist von 40 Tagen ergibt sich aus den Bestimmungen der Richtlinie 2010/63/EU (Art.41). Nach §15 Absatz 1 Satz 2 TierSchG muss auch die Tierversuchskommission unverzüglich von der Behörde über den Antrag informiert und Gelegenheit (mit angemessener Frist) zur Stellungnahme gegeben werden.[20]

4. Genehmigung von Tierversuchen (materiell)

4.1. Genehmigungsvoraussetzungen

4.1.1. Grundsatz der Unerlässlichkeit

Die Voraussetzungen für die Erteilung einer Genehmigung sind in §8 Absatz 1 Satz 2 Nummer 1 bis 8 TierSchG geregelt.

Nach §8 Absatz 1 Nummer 1 TierSchG ist eine Genehmigung zu erteilen, wenn wissenschaftlich begründet dargelegt ist, dass die Voraussetzungen des §7a Absatz 1 und 2 Nummer 1 bis 3 vorliegen.

Nach §7a Absatz 1 TierSchG dürfen Tierversuche nur durchgeführt werden, wenn sie zu einem der in den folgenden aufgezählten Zwecke (Nummer 1-8) **unerlässlich** sind. Darunter zählen: Grundlagenforschung (Nummer 1), sonstige Forschung mit Zielen wie Vorbeugung, Erkennung oder Behandlung von Krankheiten, Leiden usw. (Nummer 2), Schutz der Umwelt im Interesse der Gesundheit oder des Wohlbefindens von Menschen oder Tier (Nummer 3), Entwicklung und Herstellung sowie Prüfung der Qualität Wirksamkeit oder Unbedenklichkeit von Arzneimitteln, Lebensmitteln, Futtermitteln oder anderen Stoffen oder Produkten (Nummer 4), Prüfung von Stoffen oder Produkten auf ihre Wirksamkeit gegen tierische Schädlinge (Nummer 5), Forschung im Hinblick auf die Erhaltung der Arten (Nummer 6), Aus-, Fort- oder Weiterbildung (Nummer 7) oder gerichtsmedizinische Untersuchungen (Nummer 8).

---

[20] Pröbstl, 2017, S. 133 ff.

Zu prüfen ist dabei, wenn einer dieser Zwecke einschlägig ist, ob dieser auch unerlässlich ist. Bei der Frage nach der Genehmigungsfähigkeit eines Tierversuchsvorhabens ist stets eine umfassende Verhältnismäßigkeitsprüfung vorzunehmen. Die Frage der Unerlässlichkeit befindet sich auf der Stufe der Erforderlichkeit, da danach zu fragen ist, ob die Erreichung des angestrebten Ziels auch gleich geeignete mildere Mittel zur Verfügung stehen.[21]

Bei der Entscheidung ob ein Tierversuch unerlässlich ist, wird zusätzlich der §7a Absatz 2 TierSchG herangezogen. Demnach sind im Rahmen der Unerlässlichkeit der jeweilige Stand der wissenschaftlichen Erkenntnisse zu berücksichtigen (Nummer 1) und es ist zu untersuchen, ob der verfolgte Zweck nicht durch andere Methoden oder Verfahren erreicht werden kann (Nummer 2). Versuche an Wirbeltieren oder Kopffüßern dürfen nur insoweit durchgeführt werden, wenn die zu erwartenden Schmerzen, Leiden oder Schäden der Tiere im Hinblick auf den Versuchszweck ethisch vertretbar sind (Nummer 3). Außerdem ist die Zufügung von Schmerzen, Leiden oder Schäden dann vertretbar, wenn sie für den verfolgten Zweck unerlässlich sind. Insbesondere dürfen sie nicht aus Gründen der Arbeits-. Zeit- oder Kostenersparnis zugefügt werden (Nummer 4). Tiere, deren Leidensfähigkeit stärker ausgeprägt ist, dürfen bei Tierversuchen nur eingesetzt werden, sofern der Gebrauch von Tieren mit der artspezifischen Fähigkeit, unter Versuchseinwirkungen weniger stark zu leiden, für den verfolgten Zweck nicht ausreicht (Nummer 5). Als Konkretisierung der unter §7a Absatz 1 TierSchG genannten Zwecke dürfen Tierversuche nach §7a Absatz 3 TierSchG nicht zur Entwicklung oder Erprobung von Waffen, Munition, dazugehörigem Gerät und nach §7a Absatz 4 TierSchG nicht zur Entwicklung von Tabakerzeugnissen, Waschmitteln und Kosmetika durchgeführt werden.

Allerdings darf das zuständige Bundesministerium nach §7a Absatz 4 Satz 2 TierSchG durch Rechtsverordnung mit Zustimmung des Bundesrates Ausnahmen zur Abwehr bestimmter Gesundheitsgefährdungen bestimmen, soweit die erforderlichen neuen Erkenntnisse nicht auf andere Weise erlangt werden können oder Ausnahmen zur Durchführung von Rechtsakten der Europäischen Gemeinschaft oder Europäischen Union festlegen.

Das sogenannte 3R-Prinzip liegt dem Gebot der Unerlässlichkeit von Tierversuchen zugrunde.[26] W.Russel und R.Burch formulierten 1959 das sogenannte 3R-Prinzip für Tierversuche. "3R" steht für die Begriffe "refinement" (Verfeinerung), "reduction" (Verringerung) und "replacement" (Vermeidung). Ziel dieses Prinzips ist es, Tierversuche zu reduzieren oder möglicherweise zu vermeiden und das Leid der Tiere bei diesen Versuchen

---

[21] Pröbstl, 2017, S. 154.

8

auf das unerlässliche Maß zu beschränken.[22] In Artikel 4 und 13 der Richtline 2010/63/EU werden die Grundsätze der Begriffe Vermeidung, Verringerung und Verfeinerung ausführlich dargestellt. Auf der ersten Stufe wird erläutert, dass möglichst keine lebenden Tiere bei den Versuchen eingesetzt werden (replacement). Damit soll erreicht werden, dass Tierversuche möglichst durch Alternativmethoden ersetzt werden oder dass diese vermieden werden. Das Prinzip der Verringerung (reduction) beinhaltet, dass die Mitgliedstaaten gewährleisten müssen, die Anzahl der in Projekten verwendeten Versuchstiere auf ein Minimum zu reduzieren, ohne dass die Ziele des Projekts beeinträchtigt werden. Das dritte "R" - (refinement) beinhaltet, dass die Mitgliedstaaten gewährleisten müssen, dass die Zucht, Unterbringung und Pflege sowie die Methoden, die in Verfahren angewandt werden, verbessert werden, damit mögliche Schmerzen, Leiden, Ängste oder dauerhafte Schäden ausgeschaltet oder auf ein Minimum reduziert werden.

4.1.2. weitere Voraussetzungen (§8 Absatz 2 Nummer 2-8 TierSchG)

Weitere Voraussetzungen für die Erteilung einer Genehmigung sind nach Nummer 2, dass der verantwortliche Leiter des Versuchsvorhabens und sein Stellvertreter die erforderliche fachliche Eignung insbesondere hinsichtlich der Überwachung der Tierversuche haben und keine Tatsachen vorliegen, aus denen sich Bedenken gegen ihre Zuverlässigkeit ergeben. Ferner müssen nach Nummer 3 die erforderlichen Räumlichkeiten, Anlagen und anderen sachlichen Mittel den Anforderungen entsprechen, die in einer auf Grund des § 9 Absatz 4 Satz 1 Nummer 1 erlassenen Rechtsverordnung festgelegt sind. Außerdem müssen die personellen und organisatorischen Voraussetzungen für die Durchführung der Tierversuche einschließlich der Tätigkeit des Tierschutzbeauftragten gegeben (Nummer 4) und nach Nummer 5 die ordnungsgemäße Haltung der Tiere gesichert sein.

Nach Nummer 6 und Nummer 7 ist eine Genehmigung zu erteilen, wenn die Einhaltung der Vorschriften des §7 Absatz 1 Satz 2 Nummer 1 und des §7a Absatz 2 Nummer 4 und 5 sowie die Sachkundeanforderungen, die Vorschriften zur Schmerzlinderung und Betäubung , die Vorschriften zur erneuten Verwendung von Tieren, Verwendungsverbote und- beschränkungen, die Vorschriften zur Vermeidung von Schmerzen, Leiden und Schäden nach Erreichung des Zwecks des Tierversuches, die Vorschriften zur Verhinderung des Todes eines

---

[22] Deutsche Forschungsgemeinschaft , 2016, S.49.

Tieres unter der Versuchseinwirkung und die Vorschriften zu der Vorgehensweise nach Abschluss des Tierversuches erwartet werden kann.

4.2. Rechtsfolge

Liegen die oben erläuterten Voraussetzungen vor, ist der Behörde bei der Entscheidung zur Erteilung der Genehmigung kein Ermessen eingeräumt. Nach §8 Absatz 1 Satz 2 TierSchG ist die Genehmigung eines Versuchsvorhaben **zu erteilen**, wenn die materiellen Voraussetzungen vorliegen. Es handelt sich somit um eine gebundene Entscheidung ohne Ermessen.

5. Literaturverzeichnis

Ahne, W. (2007). Tierversuche - Im Spannungsfeld von Praxis und Bioethik.
Stuttgart: Schattauer Verlag

Brandstetter, H., Sturma, D. & Lanzerath, D. (Hrsg.) (2016). Band 17 Tiere in der
Forschung. Freiburg/München: Verlag Karl Alber

Deutsche Forschungsgemeinschaft (2016). Tierversuche in der Forschung, Druckerei
Hachenburg GmbH

Pröbstl, K. (2017). Das Recht der Tierversuche unter Berücksichtigung
unionsrechtlicher Vorgaben. Berlin Heidelberg: Springer-Verlag

BEI GRIN MACHT SICH IHR WISSEN BEZAHLT

- Wir veröffentlichen Ihre Hausarbeit,
  Bachelor- und Masterarbeit

- Ihr eigenes eBook und Buch -
  weltweit in allen wichtigen Shops

- Verdienen Sie an jedem Verkauf

Jetzt bei www.GRIN.com hochladen
und kostenlos publizieren